Inhalt

Entwurf des Bilanzrechtsmodernisierungsgesetzes - Aktuelle Diskussionspunkte

Kernthesen

Beitrag

Fallbeispiele

Weiterführende Literatur

Impressum

Entwurf des Bilanzrechtsmodernisier - Aktuelle Diskussionspunkte

A. Kaindl

Kernthesen

- Seit der Veröffentlichung des Entwurfs eines Bilanzrechtsmodernisierungsgesetzes im Oktober 2007 wird in der Fachwelt lebhaft darüber diskutiert.
- Ziele der Reform sind eine Deregulierung und Kostensenkung sowie die Verbesserung der Aussagekraft des handelsrechtlichen Jahresabschlusses.
- Auch wenn das Reformvorhaben grundsätzlich auf Zustimmung stößt, gibt

es noch zahlreiche Punkte über die die Beteiligten streiten.

Beitrag

Mit dem Bilanzrechtsmodernisierungsgesetz wird die umfassendste und fundamentalste Bilanzrechtsreform seit Jahrzehnten angestrebt. Mit der Novellierung des HGB brechen alte Säulen der deutschen Rechnungslegung weg. Allerdings werden die gesetzten Ziele nicht oder nur eingeschränkt erreicht.

Ziele des Bilanzrechtsmodernisierungsgeset

Im Oktober 2007 veröffentlichte das Bundesjustizministerium den Entwurf des Bilanzrechtsmodernisierungsgesetzes (BilMoG). Schwerpunkte der Reform sind die Deregulierung und die Kostensenkung insbesondere für kleine und mittelständische Unternehmen sowie die Verbesserung der Aussagekraft des handelsrechtlichen Jahresabschlusses. Von den Unternehmen soll dadurch der Druck genommen werden, die internationale

Rechnungslegungsstandards IFRS anwenden zu müssen (siehe auch KnowledgeSummary zum Thema: Geplantes Bilanzrechtsmodernisierungsgesetz Veröffentlichung erster Eckpunkte). Seit der Veröffentlichung des Entwurfs wird in Fachkreisen heftig über diesen diskutiert. Grundsätzlich stößt das Reformvorhaben auf Zustimmung. Nachfolgende Ausführungen zeigen auf, über welche Punkte die Beteiligten noch streiten: (4)

Kann und muss das HGB eine Alternative zu den IFRS darstellen?

Mit dem BilMoG möchte der Gesetzgeber das bewährte HGB-Bilanzrecht zu einem Regelwerk ausbauen, das den internationalen Rechnungslegungsstandards gleichwertig, aber wesentlich kostengünstiger und in der Praxis einfacher zu handhaben ist. Dies stellt einen sehr hohen Anspruch dar, der schon aus formalen Gründen kaum erfüllt werden kann. Während die IFRS regelbasiert aufgebaut sind, handelt es sich beim HGB um prinzipienbasierte Vorschriften. Es stellt sich auch die Frage, ob das HGB sich überhaupt an die IFRS anlehnen muss. Die IFRS sind auf kapitalmarktorientierte Unternehmen zugeschnitten, während das HGB wohl zukünftig eher von nicht-kapitalmarktorientierten Unternehmen angewendet wird. (1)

Einführung von Buchführungsgrenzen

Das BilMoG sieht vor, dass Unternehmen, die bestimmte Schwellenwerte bei Umsatz und Gewinn nicht überschreiten, von der Verpflichtung zur Buchführung und Bilanzierung nach HGB befreit werden. Diese Schwellenwerte werden in Bezug auf Deregulierung und Kostenersparnis den Unternehmen keine Vorteile bringen. Die geplante Gewinngrenze von 50 000 EUR, das entspricht einem monatlichen Gewinn von knapp 4 200 EUR, führt zu keiner nennenswerten Entlastung. Nur eine weitere Anhebung der Schwellenwerte wäre geeignet das gewünschte Ziel zu erreichen. Außerdem gilt auch zu berücksichtigen, dass neben der handelsrechtlichen Buchführungspflicht noch eine steuerliche Buchführungspflicht besteht. Die Schwellenwerte für den Beginn einer steuerlichen Buchführungspflicht wurden bereits zum 01.01.2008 auf die Werte des zukünftigen BilMoG angehoben. In der Praxis werden die steuerlichen Grenzwerte meistens auf die handelsrechtliche Buchführung übertragen, so dass von den Grenzen des BilMoG kaum zusätzliche Erleichterungen ausgehen. (1)

Des Weiteren kritisieren Experten, dass die Schwellenwerte dazu führen könnten, dass Firmen - abhängig von ihrer Entwicklung - in die Bilanzierungspflicht hinein- oder herausfallen. (4)

Anhebung von Schwellenwerten

Die Größenklassen, die darüber entscheiden, welchen Informationspflichten eine Kapitalgesellschaft nachkommen muss, werden im Entwurf des BilMoG um 20 Prozent erhöht. Die letzte Anpassung der Schwellenwerte erfolgte mit Wirkung für Geschäftsjahre ab 2004. Wenn das BilMoG wie geplant ab 2009 in Kraft tritt, bedeutet dies, dass ca. die Hälfte der Erhöhung der Schwellenwerte bereits der Inflation zum Opfer fiel. (1)

Aktivierungspflicht für originäre immaterieller Vermögensgegenstände des

Anlagevermögens

Immaterielle selbst geschaffene Vermögensgegenstände des Anlagevermögens müssen künftig in der HGB-Bilanz aktiviert werden. Für steuerliche Zwecke verbleibt es bei der sofortigen Abziehbarkeit. Das Aktivierungsgebot für originäre immaterielle Güter entspricht prinzipiell den Regelungen der IFRS. Allerdings sehen die US-GAAP ein generelles Aktivierungsverbot (analog dem derzeitigen HGB) vor. Es ist noch offen, welche Variante sich im Rahmen des Konvergenzprojektes von IFRS und US-GAAP durchsetzen wird. Das HGB bereits jetzt zugunsten der Aktivierung solcher Güter zu ändern, ist vorschnell und wenig begründbar und außerdem wegen der Durchbrechung des Prinzips der Maßgeblichkeit zur Steuerbilanz mit zusätzlichem Aufwand verbunden. (1)

Der zukünftige Ansatz selbst erstellter immaterieller Anlagegüter setzt eine Abgrenzung in eine Forschungs- und Entwicklungsphase einschließlich einer eindeutigen Zuordnung der entstandenen Aufwendungen voraus. Hierfür fordern die Unternehmen genauere Vorgaben, die es im Gesetzentwurf bisher nicht gibt. (3), (4)

Fair Value Bewertung von Handelsbeständen

Das BilMoG sieht die Einführung der Marktwertbilanzierung für Finanzinstrumente vor, die zu Handelszwecken erworben werden. Das bedeutet, dass auch nicht durch einen Verkauf realisierte Wertsteigerungen dieser Finanzprodukte in der Gewinn- und Verlustrechnung (GuV) zu erfassen sind. Damit werden in der GuV nicht nur die realisierten, sondern auch die zum Bilanzstichtag hypothetisch realisierbar gewesenen Gewinne gezeigt. Damit enthält der HGB-Abschluss an einer einzigen Stelle einen Bewertungsansatz, der dem HGB ansonsten fremd ist. Es entsteht dadurch eine Durchmischung unterschiedlicher Realisierungskonzeptionen. Dies führt weder zu einer Verbesserung der Aussagekraft des HGB-Abschlusses noch zu der angestrebten Vereinfachung und Deregulierung. Ganz im Gegenteil, auf die Unternehmen kommen höhere Aufwände zu: Wegen des Ausweises nicht realisierter Gewinne ist zusätzlich eine Berechnung des ausschüttbaren Erfolgs durchzuführen. Außerdem muss eine weitere Postenüberleitung zur Steuerbilanz sowie ein zusätzlicher Posten für passive latente Steuern erstellt werden. [1]

Auseinanderfallen von Handels- und Steuerbilanz

Im bisher gültigen deutschen Handelsrecht war die Handelsbilanz maßgeblich für die Steuerbilanz, und in Ausnahmefällen galt das auch anders herum. Das wird künftig nur noch eingeschränkt gelten, mit der Folge, dass Handels- und Steuerbilanz immer weiter auseinander fallen. Deshalb wird die Bilanzposition Latente Steuern massiv an Bedeutung gewinnen. Diesen Posten gab es auch bisher schon, dieser spielte von der Größe her aber in vielen Bilanzen keine oder nur eine kleine Rolle. Latente Steuern entstehen immer dann, wenn die Bewertung von Vermögen in der Handelsbilanz von der Bewertung in der Steuerbilanz während einer Abrechnungsperiode abweicht. (2)

Stärkere Überwachung der Aufsichtsräte

Die Aufsichtsräte werden verpflichtet Risikomanagementsysteme einzuführen und diese zu überwachen. Dafür kann der Aufsichtsrat nach dem BilMoG einen Prüfungsausschuss einrichten. Der

Prüfungsausschuss darf mit der internen Revision ohne die Einbindung des Vorstands direkt Kontakt aufnehmen. Dieses direkte Weisungs- und Befugnisrecht geht Beobachtern zu weit. Diese vertreten die Ansicht, dass Gespräche mit der internen Revision auch in Absprache mit dem Vorstand geregelt werden können. Kritiker fordern zusätzlich, dass die Informations- und Durchführungsrechte der Aufsichtsräte klarer geregelt werden. (4)

Fallbeispiele

Sollte das neue Bilanzrecht wie es jetzt vorliegt in Kraft treten, könnten bis zu 75 Millionen EUR Bürokratiekosten jährlich entstehen. Das geht aus einem Brief von Arbeitgeberpräsident Dieter Hundt an Bundesfinanzminister Peer Steinbrück hervor. Allerdings belasten nicht nur die Bürokratiekosten das Vorhaben. Das Bundesfinanzministerium befürchtet, dass es unter bestimmten Voraussetzungen im Haushalt zu vorübergehenden Steuerausfällen in Höhe von 15 Milliarden EUR kommen könnte.

In der Wirtschaft gibt es große Zweifel daran, dass die geplanten Änderungen in der handelsrechtlichen Bilanzierung zu 15 Milliarden EUR Steuerausfällen führen. Dies würde bedeuten, dass die Unternehmen in gleicher Größenordnung weniger Steuern zahlen müssen. Das wäre aber nur dann der Fall, so heißt es aus Wirtschaftskreisen, wenn die geplanten handelsrechtlichen Änderungen auch in das Steuerrecht übernommen werden. Davon steht bislang aber nichts im Gesetzentwurf. (5)

Weiterführende Literatur

(1) Prof. Dr. Joachim S. Tanski, Brandenburg - Bilanzrechtsmodernisierungsgesetz - Erste Überlegungen
aus SteuerConsultant, Vol. 9, Heft 12/2007, S. 36-38

(2) Das Ende der deutschen Bilanz
aus Frankfurter Allgemeine Zeitung, 18.03.2008, Nr. 66, S. 18

(3) Bilanzrechtsmodernisierung: Wandel von einer "offenen" zu einer "stillen" Bilanzpolitik
aus Zeitschrift für das gesamte Kreditwesen 06 vom 15.03.2008 Seite 248

(4) Bitte mehr Biss Das neue Bilanzgesetz BilMoG nimmt Aufsichtsräte stärker in die Pflicht · Unternehmen finden viele Punkte zu wenig konkret

aus Financial Times Deutschland vom 11.03.2008, Seite 19

(5) Stolperfallen auf dem Weg zum Bilanzrecht aus Handelsblatt Nr. 029 vom 11.02.08 Seite 5

Impressum

Entwurf des Bilanzrechtsmodernisierungsgeset - Aktuelle Diskussionspunkte

Bibliografische Information der deutschen Nationalbibliothek

Die Deutsche Nationalbibliothek verzeichnet diese Publikation in der deutschen Nationalbibliografie; detaillierte bibliografische Daten sind im Internet über http://dnb.d-nb.de abrufbar.

ISBN: 978-3-7379-1362-1

© 2015 GBI-Genios Deutsche Wirtschaftsdatenbank GmbH, Freischützstraße 96, 81927 München, www.genios.de

Alle Rechte vorbehalten. Dieses Werk ist einschließlich aller seiner Teile – z.B. Texte, Tabellen und Grafiken - urheberrechtlich geschützt. Jede Verwertung außerhalb der Grenzen des Urheberrechtsgesetzes bedarf der vorherigen Zustimmung des Verlags. Dies gilt insbesondere auch für auszugsweise Nachdrucke, fotomechanische

Vervielfältigungen (Fotokopie/Mikroskopie), Übersetzungen, Auswertungen durch Datenbanken oder ähnliche Einrichtungen und die Einspeicherung und Verarbeitung in elektronischen Systemen.